DAS EINHORN-BASTELBUCH

Pia Deges

INHALT

GRUNDANLEITUNG

VORLAGEN ÜBERTRAGEN

Lege Transparent- oder Butterbrotpapier auf die Vorlage und pause das Motiv mit einem weichen Bleistift (Härtegrad HB oder B) ab. Dann wendest du das Transparentpapier und legst es mit der bemalten Fläche auf den Fotokarton, die Pappe, den Stoff oder den Filz. Fahre jetzt mit einem harten Bleistift (Härtegrad H) die Linien nach, die sich dadurch auf das Material durchdrücken.

EIN HORN DREHEN

Forme zuerst zwei längliche Würste aus Modelliermasse oder Knete. Rolle sie zwischen den Handflächen jeweils an einer Seite zu einer Spitze.

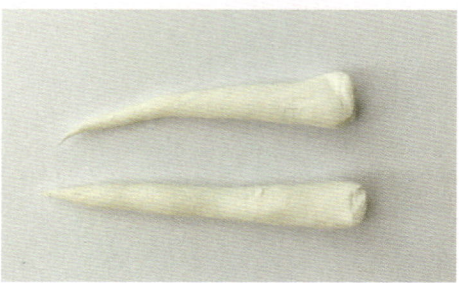

Lege die Würste aneinander und verdrehe sie schneckenartig von den Spitzen an, bis ein schönes Horn entstanden ist. Lass die Modelliermasse nach Herstelleranweisung trocknen. Dann kannst du das Horn bemalen oder beglitzern.

DAS HORN BEGLITZERN

Trage mit den Fingern oder einem kleinen Stück Karton eine dünne Schicht Bastelkleber auf. Du kannst auch Sprühkleber verwenden.

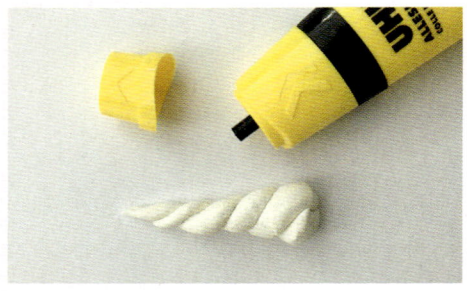

Lass nun etwas Glitzerpulver über den Klebstoff rieseln. Oder gib Glitzer in ein Schälchen und wende das Teil darin. Gut trocknen lassen.

WOLLHAARE

Wickle die Wolle ca. 20-mal um die Handfläche und ziehe sie dann ab. Knote einen ca. 20 cm langen Faden mittig um das Knäuel. Dann schneidest du die Schlaufen rechts und links davon auf.

KREPPPAPIER ZURECHTSCHNEIDEN

Für einen langen Streifen Krepppapier schneidest du einfach ein Stück in der gewünschten Breite von der Rolle ab.

Um den Streifen alle 5 mm einzuschneiden (z. B. für die Piñata), lässt du ihn aufgerollt, faltest ihn lediglich ein wenig auseinander, und schneidest ihn so ein. Zum Schluss rollst du ihn ganz auseinander.

 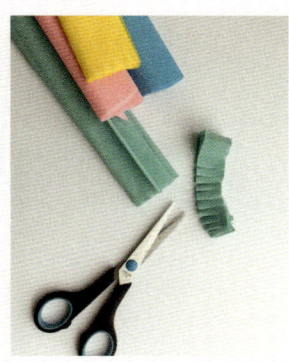

OHREN FALTEN

Klebe das innere Ohr auf das äußere Ohr. Gib einen Tropfen Klebstoff auf die Unterkante des Ohrs, falte die Kante mittig zusammen und fixiere sie mit einer Wäscheklammer. Trocknen lassen.

AUF DEM SCHASCHLIK-SPIESS BEMALEN

Wattekugeln und Holzperlen lassen sich ganz einfach und ohne schmutzige Finger bemalen, wenn du sie auf einen Schaschlikspieß steckst. Dort kannst du sie auch trocknen lassen.

PAPPE SCHNEIDEN

Zeichne die gewünschte Form zuerst mit Bleistift auf die Pappe; verwende ggf. ein Lineal. Feste Pappe schneidest du am besten mit einem Cuttermesser auf einer Schneideunterlage. Lass dir dabei von einem Erwachsenen helfen.

PERMANENTMARKER

Diese Lackmalstifte decken toll und man kann mit ihnen auf fast allen Oberflächen schreiben und malen. Deshalb eignen sie sich prima z. B. zum Aufmalen von Einhorngesichtern.

FONDANT

Fondant ist eine weiche Zuckermasse und lässt sich formen wie Knete. Sie trocknet an der Luft und wird dadurch hart.

KLEBER

Mit Bastelkleber kannst du Wattekugeln, Perlen und andere Kunststoffteile aufkleben. Ein Klebestift eignet sich prima für Papier und flächige Klebeprojekte. Mit der Heißklebepistole kannst du auch größere Teile stabil ankleben. Der Heißkleber wird sehr schnell hart. Verwende am besten eine Niedertemperatur-Klebepistole. Mit Stoffkleber kannst du Filzteile aufkleben oder zwei Schichten Stoff zusammenkleben. Mit Sprühkleber lässt sich ein selbst modelliertes Horn flächig einsprühen und anschließend beglitzern. Verwende Sprühkleber immer über einer Unterlage (z. B. Pappe oder Zeitungspapier).

GLITZER UND STERNE

Glitzerpulver, Streusterne und Pailletten dürfen beim Einhornbasteln nicht fehlen. Sie verleihen deinen Modellen den richtigen Glanz. Trage eine dünne Schicht Bastelkleber auf die gewünschte Stelle auf oder verwende Sprühkleber (siehe S. 4).

LUFTTROCKNENDE MODELLIERMASSE

Lufttrocknende Modelliermasse (z. B. FIMO® Air oder Super Fluffy) ist sofort modellierfähig und härtet innerhalb von 24 Stunden an der Luft aus. Du kannst damit prima Hörner formen. Die gehärtete Masse kannst du bemalen oder beglitzern.

KREPPPAPIER

Krepppapier ist sehr dehnbar und eignet sich gut für Einhorn-mähnen und für das Piñata-Einhorn. Es ist in allen Regenbogenfarben erhältlich.

ACRYLFARBE

Acrylfarbe lässt sich leicht auftragen und trocknet sowohl auf Plastik als auch auf allerlei beschichteten Oberflächen. Oft kann man anstelle von Acrylfarbe auch Farblackspray verwenden.

KLEINE PIÑATA

MATERIAL

Graupappe, 2 mm stark, A3 ✶ Cuttermesser und Schneideunterlage ✶ Niedertemperatur-
Klebepistole ✶ Krepppapier in Weiß, Rosa, Orange, Gelb, Grün und Blau ✶ Klebestift
Fotokarton in Schwarz und Weiß, Reste ✶ Silberfolie, Rest ✶ kleine Filzblume

Vorlagen Seite 58

ANLEITUNG

1 Übertrage die Vorlage für den Körper zweimal auf Graupappe und schneide die Teile aus. Schneide außerdem zwei 6 cm x 30 cm große Streifen aus Graupappe zurecht.

2 Lege einen Einhornkörper vor dich hin. Dann klebst du an den Rändern die Pappstreifen senkrecht mit der Klebepistole darauf. Beginne unter dem vorderen Bein und arbeite dich einmal ringsherum vor. Am besten biegst du die Streifen vorher etwas in Form und klebst sie dann fest. Den Bereich zwischen den Beinen lässt du offen, damit du das Einhorn später befüllen kannst. Klebe anschließend den zweiten Einhornkörper darauf.

3 Schneide aus weißem Krepppapier zwei bis drei 1,5 cm breite Streifen zu und schneide die Streifen in Abständen von 5 mm ein (siehe S. 5). Klebe die Streifen rundherum mit Klebestift überlappend auf dein Einhorn. Beginne unten an den Beinen und arbeite dich Reihe für Reihe nach oben vor.

4 Schneide für die Mähne von jeder Farbe ein 10 cm x 20 cm großes Stück Krepppapier. Falte die Rechtecke längs in der Mitte und schneide sie alle 5 mm bis kurz vor der Falte ein. Klebe die Streifen als Mähne überlappend an den Hals. Beginne am Rücken und arbeite dich zum Kopf vor.

5 Schneide für den Schwanz wie in Schritt 4 erneut Rechtecke zu. Falte und schneide sie genauso ein. Lege die Streifen übereinander und verzwirbele sie an den Faltkanten. Klebe den Schwanz an.

6 Schneide einen 6 cm x 15 cm langen Streifen aus weißem Fotokarton zurecht. Befülle das Einhorn und klebe den Streifen über die Öffnung.

7 Schneide die Augen aus schwarzem und die Ohren aus weißem Fotokarton zu und klebe sie auf. Schneide mit Hilfe der Vorlage das Horn aus Silberfolie zu und forme es zu einem Kegel. Klebe das Horn vorn am Kopf und das Blümchen seitlich an.

TIPP

Du kannst das Einhorn
statt mit Füllwatte auch
mit Dinkelkörnern füllen.
Dann erhältst du ein
Wärmekissen. Das Horn
solltest du dann allerdings
aus Stoff nähen.

EINHORN IM TÜTÜ

Kuschelfleece in Weiß (Körper), 30 cm x 40 cm ☆ Baumwollstoff in Weiß mit rosa
Punkten (Arme und Beine), 30 cm x 30 cm ☆ Nickistoff in Rosa (Ohren), 20 cm x 20 cm
Nähmaschine ☆ Füllwatte ☆ Bastelfilz in Rosa, Schwarz und Pink, Reste
Textilkleber ☆ holografischer Fotokarton in Gold, Rest
Hosengummi, 5 mm breit, 20 cm lang ☆ Tüll in Pink, 60 cm x 15 cm

Vorlagen Seite 63

ANLEITUNG

1 Die Stoffe jeweils doppelt legen und mit Hilfe der Vorlagen zwei Körperteile und jeweils vier Ohren-, Arm- und Beinteile mit 1 cm Nahtzugabe zuschneiden.

2 Arm-, Bein- und Ohrenteile jeweils mit der schönen Seite aufeinander mit Stecknadeln fixieren und rundherum mit 1 cm Abstand zur Schnittkante zusammennähen, dabei jeweils die gerade Kante als Wendeöffnung offen lassen. Die Teile wenden. Arme und Beine mit Füllwatte stopfen.

3 Arme, Beine und Ohren jeweils mit der geraden Kante mit der schönen Seite aufeinander an den passenden Stellen an einem Körperteil mit Stecknadeln fixieren, die Teile zeigen dabei in Richtung des Körperteils. Darauf das andere Körperteil bündig mit Stecknadeln fixieren. Den Einhornkörper ringsherum zusammennähen, dabei Arme, Beine und Ohren mitfassen und eine 8 cm lange Wende-

öffnung an der rechten Gesichtsseite lassen. Das Einhorn wenden, die Stecknadeln entfernen. Mit Füllwatte stopfen. Die Wendeöffnung von Hand zunähen.

4 Gesicht, Wangen, Augen und Mund mit Hilfe der Vorlagen aus rosa, pinkem und schwarzem Filz ausschneiden und mit Textilkleber aufkleben.

5 Das Horn nach Vorlage aus goldenem Fotokarton zuschneiden, formen und die Kanten zusammenkleben. Mit Füllwatte füllen und dann von Hand an den Kopf nähen.

6 Für das Tütü die Enden des Hosengummis verknoten. Den Tüll in ca. 30 Streifen à 2 cm Breite und 15 cm Länge schneiden. Die Streifen jeweils mittig um den Gummi knoten. Jetzt kannst du deinem Einhorn das Tütü anziehen.

FLIEG, MEIN EINHORN!

2 leere Klorollen ✦ Acrylfarbe in Weiß ✦ Niedertemperatur-Klebepistole
Klebestift ✦ 1 TL Glitzerpulver in Gold ✦ Permanentmarker in Schwarz, Weiß und Pink
Irisfolie (alternativ Geschenkfolie), 15 cm x 15 cm und 10 cm x 10 cm

Vorlagen Seite 58

ANLEITUNG

1 Übertrage die Vorlage für den Einhornkörper auf die erste Klorolle. Die zweite Rolle schneidest du auf oder drückst sie etwas flach und überträgst darauf die Vorlage für den Kopf und das Horn. Schneide die Teile aus und bemale sie mit weißer Acrylfarbe. Gut trocknen lassen.

2 Rolle das Horn zusammen und fixiere es an den Rändern mit der Klebepistole. Trocknen lassen. Streiche das Horn anschließend mit Klebestift ein. Gib das Glitzerpulver in ein Schälchen und wende das Horn darin.

3 Zeichne das Gesicht mit den Permanentmarkern auf den Kopf.

4 Für die Flügel faltest du das größere Stück Irisfolie zu einer Ziehharmonika und schneidest sie in der Mitte durch. Klebe die beiden Teile jeweils an den Schnittkanten mit Klebestift zusammen und befestige die Flügel mit der Klebepistole auf der Innenseite des Einhornrückens.

5 Für die Mähne faltest du das kleinere Stück Irisfolie einmal zur Mitte und schneidest es bis kurz vor der Faltkante in Abständen von 3-4 mm ein. Falte die Folie wieder auseinander und verzwirbele sie an der Faltkante.

6 Klebe zuerst das Horn mit Heißkleber vorne auf den Kopf, dann klebst du die Mähne dahinter. Zuletzt den Kopf am Körper festkleben.

SÜSSER EINHORNSPIESS

Für 1 Spieß: Fondant in Hellblau, Rosa, Weiß und Schwarz, Reste ✩ Pinsel ✩ Marshmallow in Weiß ✩ etwas Wasser ✩ bunte Marshmallows und Gummibonbons ✩ Schaschlikstäbchen

ANLEITUNG

1 Forme aus weißem Fondant zwei erbsengroße Kugeln für die Augen. Aus schwarzem Fondant formst du zwei stecknadelkopfgroße Kügelchen und drückst sie als Pupillen auf die weißen Kugeln.

2 Forme für das Horn je einen Strang aus weißem, rosa und hellblauem Fondant. Lass jeweils auf einer Seite die Enden spitz zulaufen. Lege alle drei Stränge übereinander und verdrehe sie, mit der spitzen Seite beginnend, schneckenartig zu einem Horn (siehe S. 4). Schneide das Horn an der breiten Seite glatt ab, es sollte ca. 4 cm lang sein. Für die Mähne rollst du sehr dünne Stränge aus Fondant in verschiedenen Farben.

3 Setze nun den Kopf zusammen. Befeuchte dazu die Fondantteile mit Wasser und einem Pinsel und drücke sie an der jeweils passenden Stelle auf den weißen Marshmallow.

4 Schiebe nacheinander bunte Marshmallows und Gummibonbons auf das Schaschlikstäbchen. Zum Schluss steckst du den Einhornkopf auf die Spitze.

TIPP

Der Einhornspieß macht sich super als Deko, z. B. für den Freakshake (siehe S. 34). Wenn du nur den Einhornkopf auf einen Zahnstocher spießt, hast du einen frechen Topper für einen Cupcake.

Wenn EINHÖRNER
einen Daumen hätten,
wäre er grün.

EINHORN-BLUMENTOPF

Plastikflasche (1,5 l Inhalt) ✷ Cuttermesser oder spitze Schere ✷ Sprühlack oder Acrylfarbe in Rosa ✷ lufttrocknende Modelliermasse „Super Fluffy" in Rosa, 8 g, und Weiß, 28 g ✷ Kraftkleber ✷ 2 Tieraugen (Halbperlen), ø 1 cm

1 Schneide mit dem Cuttermesser oder einer spitzen Schere das untere Drittel der Flasche ab. Lass dir dabei von einem Erwachsenen helfen. Reinige diesen Teil gründlich. Färbe die Außenseite mit rosa Sprühlack oder bemale sie mit Acrylfarbe. Gut trocknen lassen.

2 Aus weißer bzw. rosa Modelliermasse formst du nun wie auf dem Foto links zu sehen zwei Ohren und die Nase sowie zwei Nüstern (siehe Foto).

3 Für das Horn knetest du zwei kirschgroße Stücke weiße Modelliermasse zu jeweils einer 5 cm langen Wurst. Rolle je ein Ende so zwischen den Handflächen, dass eine Spitze entsteht. Verdrehe die beiden Stränge schneckenartig miteinander (siehe S. 4). Das dicke Hornende schneidest du mit einem Messer schräg ab.

4 Klebe die modellierten Teile mit Kraftkleber wie auf dem Foto auf. Zum Schluss klebst du die Augen auf. Jetzt kannst du deinen Einhorn-Blumentopf bepflanzen.

TIPP

Als Pflanzen für deinen Einhorn-Blumentopf eignen sich Sukkulenten prima. Du kannst den Topf aber auch als Blumenvase verwenden.

Wenn EINHÖRNER in Sternenstaub baden, dann kannst DU das auch!

FABELHAFTE BADEKUGELN

Für 4 große und 4 kleine Badekugeln: 400 g Natron ☆ 200 g Zitronensäure ☆ 100 g Speisestärke ☆ 200 g Tafelsalz ☆ Lebensmittelfarbe in Rosa, Gelb und Blau ☆ 3 EL Kokosöl Duftöl nach Wunsch (z. B. Vanille, Rose oder Lavendel) ☆ teilbare Acrylkugeln, ø 4 cm und 6,5 cm ☆ je 1 EL bunte Zuckersterne und Zuckerstreusel

ANLEITUNG

1 Vermenge Natron, Zitronensäure, Speisestärke und Salz in einer großen Schüssel. Die Masse auf drei kleine Schüsseln aufteilen.

2 Gib einige Tropfen Lebensmittelfarbe und 1 EL Kokosöl in jedes Schüsselchen. Gut vermischen. Wenn du möchtest, kannst du ein paar Tropfen Duftöl hinzufügen. Knete so lange, bis sich die Farbe gut verteilt hat und die Masse sich wie nasser Sand anfühlt.

3 Teile die Acrylkugeln. Gib zuerst jeweils Zuckersterne oder Zuckerstreusel in die Kugelhälften, dann eine Schicht Badesalz in Hellblau, dann in Gelb, dann in Rosa.

4 Drücke die Kugelhälften zusammen und lass sie 20 Minuten ruhen. Öffne anschließend vorsichtig die Plastikkugeln und nimm die Badekugeln heraus.

TIPP

Die Badekugeln sind ein tolles Geschenk z. B. für den nächsten Geburtstag deiner Freundinnen oder zum Muttertag.

ZAUBERHAFTER KOPFHÖRERHALTER

MATERIAL

Bastelfilz in Weiß, 20 cm x 30 cm, sowie in Pink und Hellrosa, je 10 cm x 10 cm
Fotokarton in Silber und Schwarz, 10 cm x 10 cm ☆ Baumwollhäkelgarn in Rosa, Rest
Nähnadel und Nähgarn ☆ Füllwatte ☆ Bastelkleber oder Textilkleber
2 selbstklebende Klettpunkte, 2 cm x 2 cm

Vorlagen Seite 59

ANLEITUNG

1 Übertrage den Einhornkörper mit Hilfe der Vorlage zweimal auf weißen, die Schnauze sowie das kleine Herz je zweimal und die Hufe viermal auf pinkfarbenen, die Wangen und das große Herz je zweimal auf hellrosa Filz und schneide die Teile aus. Das Horn schneidest du gemäß Vorlage einmal aus silbernem und die Augen zweimal aus schwarzem Fotokarton zu.

2 Schneide für den Schwanz fünf 10 cm lange Fäden vom Häkelgarn zurecht. Knote sie in der Mitte mit einem Faden zusammen.

3 Lege den Einhornkörper doppelt und fixiere die Lagen mit Stecknadeln. Schiebe den Schwanz am Einhorn-Popo zwischen die beiden Lagen. Das Horn schiebst du oben am Kopf zwischen den Stoff. Nähe den Körper von Hand zusammen, dabei fasst du Horn und Schwanz mit. Lass unter dem Kopf eine 3 cm lange Öffnung.

4 Stopfe das Einhorn mit Füllwatte. Du kannst dafür einen Bleistift zu Hilfe nehmen. Nähe die Öffnung zu.

5 Klebe die Filzteile und die Augen mit Bastel- oder Textilkleber auf.

6 Schneide einen 10 cm x 20 cm langen Streifen aus weißem Bastelfilz zu. Nähe ihn mittig an einer Einhornseite so fest, dass die Streifenenden beweglich bleiben. Dann wickelst du deine Kopfhörer um das Einhorn und klappst die beiden Filzstreifenenden um das Kabel. Klebe die Klettpunkte passend an den Streifenenden auf, sodass du die Halterung schließen kannst.

LOOK LIKE A UNICORN

MATERIAL

lufttrocknende Modelliermasse (z. B. FIMO®) in Weiß, 250 g ✶ Messer ✶ Sprühkleber
1 EL Glitzerpulver in Puderweiß ✶ Haarreif in Weiß, ca. 1 cm breit
Niedertemperatur-Klebepistole ✶ Bastelfilz in Weiß und Rosa, Reste ✶ Tüll in Weiß,
Rosa, Türkis, Rot, Blau und Gelb, Reste

Vorlagen Seite 58

ANLEITUNG

1 Forme für das Horn zwei tischtennisballgroße Stücke Modelliermasse zu jeweils einer 15 cm langen Wurst. Rolle je ein Ende zwischen den Handflächen spitz zu.

2 Verdrehe die beiden Stränge miteinander zu einem Horn. Schneide das dicke Ende mit einem Messer glatt ab. Die Modelliermasse nach Herstellerangaben trocknen lassen.

3 Besprühe das Horn über einer Unterlage (z. B. Pappe oder Zeitungspapier) mit Sprühkleber und bestreue es auf allen Seiten mit Glitzerpulver. Anschließend klebst du das Horn mit der Klebepistole mittig oben auf den Haarreif.

4 Schneide das innere Ohr mit Hilfe der Vorlage zweimal aus rosa Filz und das äußere Ohr zweimal aus weißem Filz zu. Dann klebst du jeweils ein rosa auf ein weißes Ohrenteil. Falte das Ohr an der Unterkante mittig und fixiere es mit einem Tropfen Kleber. Klebe die Ohren an den Haarreif.

5 Schneide aus dem Tüll pro Farbe jeweils zwei bis drei 10 cm x 15 cm große Streifen zurecht. In jeden Streifen machst du mittig einen Knoten und klebst den Knotenpunkt rechts und links vom Horn auf den Haarreif.

Sei immer du selbst,
außer du kannst ein EINHORN sein!

STERNSCHWEIF-SPARDOSE

leere Konservendose, ø 7,5 cm ✩ Acrylfarbe in Weiß und Rosa ✩ spitzes Schneckenhaus,
ca. 6 cm lang ✩ Fotokarton in Rosa, Mint und Schwarz, Reste ✩ Wollreste in
Regenbogenfarben ✩ Niedertemperatur-Klebepistole ✩ Permanentmarker in
Weiß ✩ Geschenkband in Blau, 1 cm breit, 15 cm lang

Vorlagen Seite 58

ANLEITUNG

1 Für dieses Projekt solltest du einen Konservenöffner benutzen, der den Deckel sauber vom Dosenrand trennt, sodass man ihn nachher wieder aufsetzen kann. Reinige die Konservendose gründlich und bemale sie anschließend mit weißer Acrylfarbe. Bemale das Schneckenhaus mit rosa Acrylfarbe. Gut trocknen lassen.

2 Übertrage die Vorlagen für die Augen auf schwarzen, für die Ohren und die Wangen auf rosafarbenen und für die Nase auf mintfarbenen Fotokarton und schneide die Teile aus.

3 Schneide aus den Wollresten 3-4 cm lange Stücke für die Mähne zu. Ordne sie der Farbe nach und klebe sie dann mit der Klebepistole an den oberen Rand der Dose.

4 Klebe die Ohren rechts und links seitlich auf den Deckel, die Augen, die Wangen und die Nase auf die Vorderseite der Dose. Zeichne mit weißem Permanentmarker Nasenlöcher auf. Das Horn klebst du nah am Rand auf den Deckel.

5 Lege das Band zur Schlaufe und klebe es mittig auf den Deckel. So kannst du ihn ganz einfach öffnen.

Am Ende eines jeden
REGENBOGENS
steht immer ein
hungriges
EINHORN.

EINHORN-MUFFINS

Für 12 Stück: 350 ml Zitronenlimonade (alternativ Orangen- oder Gapefruitlimonade) 200 g Butter, zimmerwarm ✷ 250 g Zucker ✷ 3 Eier (Größe M) ✷ 300 g Mehl 2 TL Backpulver ✷ je 400 g Fondant in Weiß und Rosa ✷ je 100 g Fondant in Schwarz, Hellblau und Gelb ✷ Puderzucker, gesiebt, für die Arbeitsfläche ✷ etwas Wasser ✷ Messer 12 Muffinförmchen ✷ Kreisausstecher, ø 7 cm

1 Die Limonade im Topf aufkochen und ca. 10 Minuten auf 100 ml einkochen. Abkühlen lassen. Den Backofen auf 170 °C Ober-/Unterhitze vorheizen. Ein Muffinblech (12 Mulden) mit Papierförmchen auslegen.

2 Butter und Zucker mit dem Rührbesen des Handrührgeräts cremig rühren. Die Eier nacheinander unterrühren. Mehl und Backpulver vermischen und zusammen mit der eingekochten Limonade unter die Butter-Zucker-Ei-Mischung rühren.

3 Den Teig in die Muffinformen füllen und 15-20 Minuten backen, ggf. Garprobe mit einem Schaschlikstäbchen machen. Herausnehmen und abkühlen lassen.

4 Weiße und rosa Fondantmasse auf der mit Puderzucker bestreuten Arbeitsfläche ausrollen und mit dem Ausstecher pro Muffin einen weißen und einen rosa Kreis ausstechen. Bei den rosa Kreisen den Ausstecher nochmals ansetzen und einen Halbkreis für die Schnauze ausstechen.

5 Aus schwarzem Fondant kleine Augen formen. Aus kirschgroßen Stücken hellblauem Fondant pro Muffin zwei ca. 6 cm lange Würste zu einem Horn formen (siehe S. 4). Mit einem Messer die dicke Seite flächig abschneiden. Aus rosa, gelbem und hellblauem Fondant dünne Fäden für die Mähne rollen.

6 Alle Fondantteile nacheinander auf den Muffins zu Gesichtern zusammensetzen und mit etwas Wasser ankleben. Die Nüstern mit einem Messer einritzen.

PINK PARTY-BALLON

Für 1 Ballon: Fotokarton in Weiß, A4, und in Schwarz und Pink, A5 ✳ holografischer Fotokarton in Gold, Rest ✳ durchsichtiger Klebefilm oder Tacker ✳ Kräuselgeschenkband in Gold, 2x 30 cm lang ✳ Schere ✳ Luftballon in Pink, ø 30 cm ✳ Ballonhalter in Weiß, 40 cm lang ✳ doppelseitiges Klebeband in Transparent

Vorlagen Seite 60

ANLEITUNG

1 Übertrage mit Hilfe der Vorlage die Nase einmal und die Ohren und die Augen je zweimal auf weißen Fotokarton, die Wangen zweimal auf pinkfarbenen Fotokarton und die Pupillen und Nasenlöcher je zweimal auf schwarzen Fotokarton. Schneide alle Teile aus.

2 Das Horn schneidest du gemäß Vorlage aus goldenem Fotokarton zu. Forme den Karton zu einem Kegel und klebe die Kanten mit durchsichtigem Klebefilm zusammen. Du kannst die Ränder auch tackern.

3 Kräusele das goldene Band mit einer Schere. Puste den Ballon auf, verknote die Öffnung und fixiere ihn im Ballonhalter.

4 Klebe zuerst alle Gesichtsteile mit doppelseitigem Klebeband auf. Dann klebst du das Horn über der Nase auf. Direkt unter dem Horn befestigst du noch das Kräuselband mit einem schmalen Streifen doppelseitigem Klebeband.

TIPP
Die Ballons sind ein tolles Mitgebsel für deine Einhornparty!

STERNSCHWEIF-KETTE

MATERIAL

Für 1 Kette: Schrumpffolie, A4 ✧ Bleistift ✧ Permanentmarker oder Filzstifte
Schere ✧ Lochzange ✧ Spaltringe, ø 6 mm ✧ Bastelkleber ✧ Bäckergarn in Rosa-Weiß,
40 cm lang ✧ 8 Holzperlen in Pastellfarben, ø 1 cm ✧ 2 Holzperlen in Weiß, ø 1,2 cm

Vorlagen Seite 59

ANLEITUNG

1 Übertrage die Vorlage von Einhorn oder Regenbogen mit Bleistift auf die raue Seite der Schrumpffolie. Male das Motiv nach Wunsch mit Permanentmarkern oder Filzstiften aus. Gut trocknen lassen. Schneide das Motiv aus und stanze an der Oberkante mit der Lochzange ein Loch.

2 Lege das Motiv mit der bemalten Seite nach oben auf ein Stück Backpapier und schrumpfe es nach Herstelleranleitung im Backofen. Abkühlen lassen. Ziehe den Ring durch das gestanzte Loch.

3 Gib je einen Tropfen Bastelkleber auf die Enden des Bäckergarns, damit sich die Perlen besser auffädeln lassen. Trocknen lassen.

4 Jetzt legst du Perlen und Einhorn bzw. Regenbogen in der gewünschten Reihenfolge vor dich hin. Anschließend fädelst du alle Teile auf das Bäckergarn auf und verknotest die Enden.

TIPP

Du kannst auf diese Weise tolle Ketten auch mit anderen Motiven basteln. Vielleicht malst du dein eigenes Fantasie-Einhorn auf die Folie? Achte nur darauf, dass das Motiv vor dem Schrumpfen mindestens 10 cm x 10 cm groß ist.

EINHORN GESCHENKTÜTE

MATERIAL

Fotokarton in Schwarz, Rest ✳ holografische Folie in Gold, Rest ✳ Klebestift
Papiertüte in Rosa, 21 cm x 30 cm ✳ Kunstrosen, 3x in Weiß und 2x in Rosa
Niedertemperatur-Klebepistole

Vorlagen Seite 59

ANLEITUNG

1 Übertrage die Vorlagen für Augen, Nase und Mund auf den Fotokarton und schneide die Teile aus. Das Horn schneidest du mit Hilfe der Vorlage aus goldener Folie aus.

2 Klebe die Gesichtsteile mit Klebestift auf die Vorderseite der Tüte.

3 Das Horn klebst du ebenfalls mit Klebestift mittig an den inneren Rand der Tütenvorderseite.

4 Klebe zum Schluss die künstlichen Rosen mit der Klebepistole an den oberen Rand der Tüte.

TIPP

Du kannst auch andere Geschenke wie z. B. ein Buch mit denselben Elementen in ein Einhorn-Geschenk verwandeln. Wenn du die Vorlage für Gesicht und Horn verkleinerst, kannst du sogar Pappbecher zu Einhörnern verwandeln und sie z. B. mit Marshmallows gefüllt als kleine Geschenke zum Geburtstag verteilen.

UNICORN FREAKSHAKE

Für 1 Shake: 50 g weiße Kuvertüre ✶ Lebensmittelfarbe in Hellblau ✶ Glas (Inhalt 500 ml) Löffel ✶ 15 g bunte Zuckerstreusel ✶ 3 Kugeln Vanilleeis ✶ 50 ml Milch ✶ Schaschlikstäbchen ✶ 7-10 Marshmallows in Pastellfarben ✶ 4-5 Gummibonbons ✶ Sprühsahne Lolli in Regenbogenfarben ✶ Strohhalm

1 Die weiße Kuvertüre in der Mikrowelle oder in einem kleinen Topf schmelzen. Hellblaue Lebensmittelfarbe einrühren, bis sich die Schokolade schön zart gefärbt hat. Etwas abkühlen lassen.

2 Die blaue Schokolade mit Hilfe eines Löffels um den Glasrand verteilen; sie kann ruhig außen ein wenig herunterlaufen. Auf die noch feuchte Schokolade Zuckerstreusel streuen. Einige Minuten abkühlen und fest werden lassen.

3 Das Vanilleeis etwas antauen lassen. Mit 50 ml Milch verrühren. Wer möchte, rührt ein paar Zuckerstreusel unter. In das Glas füllen.

4 Marshmallows und Gummibonbons abwechselnd auf das Schaschlikstäbchen stecken. Den Freakshake mit Sprühsahne, dem Spieß und dem Regenbogen-Lolli verzieren. Strohhalm rein – fertig!

TIPP

Du kannst den Shake auch einfärben. Dafür die Eis-Milch-Mischung auf zwei Schälchen verteilen. Die Mischung in einem Schälchen mit lila, in dem anderen mit rosa Lebensmittelfarbe einfärben. Fülle beide in ein Glas und marmoriere Sie mit einer Gabel.

Einhörner können nicht fliegen.
Du kannst auch nicht fliegen.
Also bist du ein *Einhorn*.

FABELWESEN-SHIRT

MATERIAL

T-Shirt in Weiß in deiner Größe ✫ dünne Pappe, 30 cm x 30 cm ✫ Fotokarton, A5
doppelseitiges Klebeband ✫ Stoffmalfarbe in Gelb, Rosa, Mint, Grün, Hellblau, Rot
und Lila ✫ Pappteller ✫ Bleistift mit Radiergummi

Vorlage Seite 61

ANLEITUNG

1 Lege ein Stück Pappe zwischen die beiden Stofflagen des T-Shirts, damit sich die Farbe später nicht durchdrückt. Übertrage mit Hilfe der Vorlage den Einhornkopf auf Fotokarton und schneide ihn aus.

2 Klebe auf der Rückseite der Schablone am Rand doppelseitiges Klebeband auf. Entferne die Schutzfolie und klebe die Schablone mittig auf die Vorderseite des T-Shirts.

3 Gib von jeder Stoffmalfarbe einen Klecks auf den Pappteller. Tauche den Bleistift mit der Radiergummiseite in die Farbe und stemple rings um die Schablone herum Punkte auf. Achte darauf, dass die gestempelten Punkte den Übergang von Vorlage und T-Shirt gut treffen, damit der Umriss des Kopfes später gut zu erkennen ist. Die Farbe gut trocknen lassen.

4 Entferne die Schablone und fixiere die Farbe nach Herstelleranleitung.

TIPP

Das T-Shirt sieht auch einfarbig gestempelt schön aus. Du kannst auch aus anderen Einhornmotiven Vorlagen machen und diese auf die gleiche Weise auf dein T-Shirt stempeln.

MAGISCHER EINHORNSCHLEIM

200 g Holzleim ✧ ¼ TL Natron ✧ Holzspatel ✧ Kontaktlinsen-Kochsalzlösung ✧ Lebensmittelfarbe in Blau und Rosa ✧ 1 TL Glitzerpulver in Silber ✧ ½ TL Streusternchen in Silber

ANLEITUNG

1 Gib den Holzleim in eine Plastikschüssel. Füge das Natron hinzu und verrühre das Ganze mit einem Holzspatel zu einer glatten Masse.

2 Als Nächstes kommt die Kochsalzlösung dazu. Sie macht die Masse schön schleimig. Du musst mit der Menge ein wenig experimentieren, um die richtige Konsistenz zu erhalten. Gib zunächst nur wenige Tropfen dazu und verrühre das Ganze. Dein Schleim hat die richtige Konsistenz, wenn er nicht mehr am Schüsselrand oder an deinen Fingern kleben bleibt.

3 Halbiere die Masse und gib jeweils eine Hälfte in ein Schälchen. Dann färbst du eine Schleimportion mit wenigen Tropfen Lebensmittelfarbe rosa, die andere hellblau ein.

4 Mische zum Schluss Glitzerpulver und Streusternchen in deinen Einhornschleim.

TIPP

Damit dein Schleim nicht austrocknet, bewahrst du ihn am besten in einem Plastikgefäß mit dicht schließendem Deckel oder einem Glas mit Schraubverschluss auf. Lege zusätzlich ein Stück Frischhaltefolie auf die Oberfläche des Schleims. So hält sich dein Schleim etwa eine Woche.

KUNTERBUNTE HANDYLADESTATION

fester Pappkarton, 4-5 mm stark, 60 cm x 100 cm ☆ Cuttermesser und Schneideunterlage ☆ Bleistift ☆ Bastelkleber ☆ Fotokarton in Lila, Blau, Grün, Gelb, Rosa, Pink, Rot und Weiß, jeweils A4

Vorlagen Seite 61

ANLEITUNG

1 Übertrage die Regenbogenform achtmal mit Bleistift auf Pappkarton und schneide sie mit dem Cuttermesser auf der Schneideunterlage aus. Lege sechs Regenbögen beiseite.

2 Lege dein Handy jeweils oben mittig auf die zwei anderen Bögen (siehe Markierung in der Vorlage). Fahre den Handyumriss mit Bleistift nach. Darunter zeichnest du mittig ein 2 cm breites Rechteck (siehe Vorlage). Das wird später die Öffnung für das Ladekabel.

3 Schneide die Aussparung für das Handy bei beiden Regenbögen an den Bleistiftlinien aus.

4 Jetzt klebst du die Regenbögen folgendermaßen mit Bastelkleber aufeinander: zuerst drei ganze Regenbögen, dann die beiden Bögen mit der Aussparung und darüber die drei restlichen ganzen Bögen. Achte darauf, dass alle Bögen bündig aufeinanderliegen. Trocknen lassen.

5 Übertrage die Vorlage für die Wolke viermal auf weißen und immer zwei Regenbogenstrahlen in einer Farbe und Größe auf den bunten Fotokarton und schneide alles aus.

6 Miss die Tiefe des Regenbogens. Je nach Stärke des Kartons ist sie unterschiedlich. Schneide nun für den oberen und unteren Rand zwei Streifen aus weißem Fotokarton mit diesem Maß als Breite und einer Länge von 12 cm bzw. 30 cm zurecht. Übertrage die Aussparung unten für das Kabel auf den kleinen Streifen und die Aussparung oben für das Handy auf den großen Streifen und schneide sie jeweils aus.

7 Klebe die einzelnen Teile des Regenbogens in der richtigen Reihenfolge auf. Anschließend klebst du die weißen Streifen oben und unten auf den Bogen. Zuletzt klebst du die Wolken an. Jetzt kannst du dein Handy in den Regenbogen stecken und durch die Öffnung unten mit dem Ladekabel verbinden.

UNICORN-CAKE

100 g Butter ✧ 200 g Löffelbiskuit ✧ 9 Blatt Gelatine ✧ 300 g Frischkäse (Doppelrahmstufe) ✧ 400 g Naturjoghurt ✧ Saft und Abrieb von 1 Bio-Zitrone 150 g Zucker ✧ 200 g Sahne ✧ flüssige Lebensmittelfarbe in Lila, Blau, Grün, Rosa, Orange und Gelb ✧ etwas Butter für die Form

1 Die Butter in der Mikrowelle schmelzen. Das Löffelbiskuit grob zerbröseln und im Universalzerkleinerer fein mahlen. Die Löffelbiskuitbrösel unter Rühren zur Butter geben. Abkühlen lassen.

2 Den Boden einer Springform (ø 26 cm) fetten oder mit Backpapier auslegen. Die Brösel-Butter-Mischung hineingeben, fest andrücken und ca. 15 Minuten in den Kühlschrank stellen.

3 Die Gelatine in kaltem Wasser einweichen. Frischkäse, Joghurt und Zitronenschale verrühren. Zucker und Zitronensaft in einem kleinen Topf unter Rühren erwärmen, bis sich der Zucker gelöst hat. Gelatine ausdrücken und im Topf unter Rühren auflösen. Den Topf vom Herd nehmen und abkühlen lassen. 1-2 Esslöffel der Frischkäse-Joghurt-Masse in den Topf geben und verrühren. Die Gelatine-Mischung anschließend in die Joghurt-Masse einrühren.

4 Die Sahne steif schlagen und unter die Frischkäse-Joghurt-Masse heben. Gleichmäßig auf sechs Schälchen verteilen und mit flüssiger Lebensmittelfarbe einfärben. Dann zuerst die lila Masse in die Mitte der Springform gießen. Anschließend nacheinander Blau, Grün, Rosa, Orange und zum Schluss Gelb ebenfalls in die Mitte der Form gießen, sodass die vorherigen Farben nach außen gedrängt werden. Dadurch entsteht der Regenbogen. Mindestens vier Stunden kalt stellen.

TIPP

Schneide einen kleinen Einhornkopf (siehe S. 61) aus weißem Fotokarton aus und klebe ihn auf einen Zahnstocher. Den Caketopper kannst du in deinen Kuchen stecken.

MÄRCHENHAFTES GLITZERGLAS

Bügelperlen in Weiß, Blau, Hellgrün, Gelb, Orange, Schwarz und Pink ✳ Steckplatte
Backpapier ✳ Bügeleisen ✳ Kraftkleber ✳ Glas mit dicht schließendem Schraubdeckel,
Größe passend zum Einhornkopf ✳ Schleifpapier ✳ Wasser ✳ 2-3 TL Glyzerin
2 EL Glitter und Streusterne, Farben nach Wunsch ✳ Textilband in Rosa-Weiß kariert,
ca. 2 cm breit und 25 cm lang

1 Ordne die Bügelperlen auf einer Steckplatte zu einem Einhornkopf oder Regenbogen an (siehe Foto unten). Die unterste Reihe deines Wunschmotivs wiederholst du noch mal in zweifacher Ausführung separat auf der Steckplatte, sodass du zwei Extraleisten erhältst.

2 Lege ein Stück Backpapier über die Bügelperlen und bügle die Perlen nach Herstelleranleitung. Abkühlen lassen.

3 Klebe die beiden Extraleisten unten auf der Vorder- und Rückseite des Motivs mit Kraftkleber fest. So erhält deine Figur etwas mehr Standfestigkeit.

4 Reinige das Glas gründlich und raue die Innenseite des Deckels mit etwas Schleifpapier an. Gib einen großen Tropfen Kraftkleber in die Mitte des Deckels und klebe das Motiv stehend darauf auf. Gut trocknen lassen.

5 Das Glas füllst du bis fast zum Rand mit Wasser und gibst das Glyzerin dazu. Gib Glitter und Streusterne ebenfalls ins Wasser und verschließe das Glas mit dem Deckel. Zum Schluss das Band um den Deckel kleben.

Wenn dein Leben
zu GRAU ist,
streu *Glitzer* drauf!

TIPP

Anstelle eines Bandes kannst
du den Deckelrand auch mit
Masking Tape oder Filzblüm-
chen verzieren. Oder du gibst
Bastelkleber auf den Rand und
streust dann Glitzerpulver
darauf.

Alle verrückt
hier! Komm EINHORN,
wir reiten aus.

STECKEN-EINHORN

Socke in Weiß, mindestens Größe 39-42 ✧ Füllwatte ✧ Besenstiel ✧ Kabelbinder in Weiß ✧ Bastelfilz in Rosa, Weiß, Schwarz und Pink, Reste ✧ Niedertemperatur-Klebepistole 1 EL Glitter in Silber ✧ 1 EL Glitzerpulver in Silber ✧ Sprühkleber ✧ Wollreste in Gelb, Orange, Rosa, Pink, Hellgrün, Blau und Lila ✧ dicker Wollfaden in Rosa, 1,20 m lang

Vorlagen Seite 62

ANLEITUNG

1 Stopfe die Socke mit Füllwatte aus. Das Sockenende über einen Besenstiel stülpen, den Besenstiel vorher ggf. in der Mitte durchsägen. Den Kopf in einen rechten Winkel biegen und die Sockenöffnung mit Kabelbinder am Stiel befestigen.

2 Die Augen schneidest du mit Hilfe der Vorlage aus schwarzem Filz, das innere Ohr aus weißem Filz und das äußere Ohr aus rosa Filz zu. Klebe jeweils ein weißes auf ein rosafarbenes Ohrenteil. Die Ohren faltest du an der Unterkante mittig und fixierst die Falte mit etwas Kleber. Klebe Augen und Ohren mit an den Kopf.

3 Schneide das Horn mit Hilfe der Vorlage aus pinkfarbenem Filz aus, rolle es zusammen und klebe die Ränder mit der Klebepistole aufeinander. Falls dein Bastelfilz nicht so stabil ist, kannst du ihn vor dem Zuschnitt mit Klebestift auf ein Stück Fotokarton kleben.

4 Besprühe das Horn über einer Unterlage (z.B. Pappe oder Zeitungspapier) mit Sprühkleber und bestreue es von allen Seiten mit Glitzerpulver und Glitter. Trocknen lassen. Anschließend klebst du das Horn am Kopf fest.

5 Für die Mähne wickelst du jeweils Wolle einer Farbe 20-25 Mal um ein ca. 30 cm langes Stück Pappe oder ein Buch. Die Knäuel anschließend vorsichtig abziehen und in der Mitte mit einem Faden zusammenbinden. Die Schlaufen aufschneiden. Klebe die Mähnenteile an den Einhornkopf. Wer möchte, kann die Mähne nach Wunsch stutzen oder frisieren.

6 Lege den dicken Wollfaden einmal um das Maul und verknote ihn. Die beiden überstehenden Fäden schneidest du ab und knotest sie am Halfter als Zügel fest. Die Zügel knotest du an den Enden zusammen

EINHORN-STIFT

Für 1 Stift: Wattekugel in Weiß, ø 4,5 cm ✫ Schaschlikstäbchen ✫ Acrylfarbe in Hellblau oder Hellgelb ✫ Wollrest in Weiß ✫ 2 Wackelaugen, ø 1 cm ✫ Bastelkleber ✫ Permanentmarker in Weiß, Schwarz und Rosa ✫ Chenilledraht in Silber, 8 cm lang ✫ Bleistift in Weiß

ANLEITUNG

1 Stecke die Wattekugel auf einen Schaschlik-stab und bemale sie mit Acrylfarbe. Gut trocknen lassen.

2 Wickle für die Mähne die Wolle etwa zehnmal um deine Handfläche. Zieh das Knäuel ab und knote es in der Mitte mit einem Faden zusammen. Schneide die Schlaufen auf.

3 Klebe die Mähne und die Wackelaugen mit Bastelkleber an. Mit Permanentmarkern zeichnest du anschließend das Gesicht auf.

4 Biege den Chenilledraht einmal in der Mitte und verdrehe die beiden Enden so miteinander, dass ein Horn entsteht. Klebe das Horn anschließend am Kopf an.

5 Bohre mit der Spitze des Bleistifts unten in die Wattekugel ein Loch. Gib etwas Bastelkleber auf das stumpfe Ende des Bleistifts und stecke es in das Loch hinein.

TIPP

Anstatt weißer Wolle kannst du auch Wollreste in Regenbo-genfarben als Mähne ankleben. Falls du keine Wackelaugen zur Hand hast, malst du die Augen einfach auf. Das sieht auch schön aus.

REGENBOGEN
SCHOKOLADE

600 g weiße Kuvertüre ✫ Backpapier ✫ Lebensmittelfarbe in Rosa, Hellblau und Gelb
Gabel ✫ Schaschlikstäbchen ✫ 3-4 EL bunte Zuckerstreusel, Zuckerperlen und -sterne

ANLEITUNG

1 Die Kuvertüre auf einem Schneidebrett in kleine Stücke schneiden und in einem Topf über dem Wasserbad unter Rühren schmelzen. Du kannst die Schokolade auch in der Mikrowelle schmelzen.

2 Eine Kuchenform (20 cm x 30 cm) mit Backpapier auslegen. Ein Drittel der geschmolzenen Schokolade auf drei Schälchen aufteilen und beiseite stellen. Die restliche Schokolade in die Kuchenform gießen. Die Schokolade in den Schälchen mit rosa, hellblauer und gelber Lebensmittelfarbe einfärben und in kleinen Klecksen auf der weißen Schokolade verteilen.

3 Mit einer Gabel und einem Schaschlikstäbchen die farbige Schokolade etwas verteilen, damit ein Marmorier-Effekt entsteht.

4 Die Einhornschokolade mit bunten Streuseln, Zuckerperlen und -sternen bestreuen.

5 Die Schokolade bei Zimmertemperatur gut abkühlen lassen. Sobald sie fest ist, in kleine Stücke brechen oder schneiden.

TIPP

Wer ganz bunte Schokolade mag, verteilt die komplette geschmolzene Schokolade auf drei Schälchen und färbt sie in drei verschiedenen Farben ein. Anschließend in die Kuchenform gießen und marmorieren.

EINHORN-TÄSCHCHEN

MATERIAL

3 Pappteller, ⌀ 24 cm ✧ Niedertemperatur-Klebepistole ✧ Fotokarton in Rosa und Schwarz, 10 cm x 15 cm ✧ Acrylfarbe in Rosarot, Silber und Weiß ✧ Baumwollschnur in Pink, ⌀ 5 mm, 80 cm lang ✧ 7 Perlen in Rosa, ⌀ 5 mm ✧ Bastelkleber ✧ Filzblumen in Pink, Rosa, Orange, Gelb, Hellgrün, Hellblau und Blau, 4 cm hoch

Vorlagen Seite 62

ANLEITUNG

1 Zeichne bei zwei Papptellern den Taschenausschnitt oben nach Vorlage auf und schneide ihn aus. Lege ein abgeschnittenes Teil für das Horn beiseite. Übertrage auf den dritten Teller mit Hilfe der Vorlage zweimal die Ohren und einmal die Schnauze. Lege dazu die Vorlage der Schnauze mit der flachen Rundung am Tellerrand an. Schneide alle Teile aus. Das Teil für das Horn hältst du an einer Spitze, rollst es vorsichtig auf und fixierst es mit der Klebepistole.

2 Übertrage mit Hilfe der Vorlage zweimal die Augen auf schwarzen, den Mund einmal und die Wangen zweimal auf rosa Fotokarton und schneide die Teile aus.

3 Male die beiden Taschenhälften mit weißer, die Schnauze und die Ohren mit rosaroter und das Horn mit silberner Acrylfarbe an.

4 Klebe die Enden der Baumwollschnur mit Bastelkleber jeweils rechts und links vom Ausschnitt auf die Innenseite einer Taschenhälfte. Die Ohren klebst du darüber.

5 Klebe Schnauze, Mund, Wangen und Augen auf die zweite Taschenhälfte.

6 Jetzt die Perlen mit Bastelkleber mittig auf die Filzblumen und diese nebeneinander auf dem oberen Rand der vorderen Taschenhälfte fixieren. Alles trocknen lassen.

7 Klebe die beiden Taschenhälften zusammen. Zum Schluss klebst du das Horn mittig an die Innenseite der vorderen Taschenhälfte. Fertig ist dein Einhorn-Täschchen!

Wenn du nicht mehr weiter weißt,
frage dein Einhorn um Rat.
Das hat zwar selten eine Lösung,
aber es guckt *so süß*.

Ein EINHORN
ohne Bauch
ist wie ein HIMMEL
ohne Sterne.

HIMMLISCHE GLÜCKSBRINGER

MATERIAL

Fotokarton in Mint, Gold und Weiß, Reste ✳ Papierstrohhalm in Rosa-Weiß ✳ Permanentmarker in
Schwarz, Weiß und Rosa ✳ Klebestift ✳ Krepppapier in Mint, 2x 8 cm x 10 cm
unbedruckte Streichholzschachtel in Weiß ✳ Niedertemperatur-Klebepistole

Vorlagen Seite 61

ANLEITUNG

1 Schneide mit Hilfe der Vorlagen Kopf und Ohren aus weißem, das Horn aus goldenem und den Stern aus mintfarbenem Fotokarton zu.

2 Den Papierstrohhalm schneidest du in vier 4 cm lange Stücke für die Beine und ein 3 cm langes Stück für den Hals. Schneide das Stück für den Hals auf einer Seite schräg an.

3 Male dem Einhorn mit Permanentmarkern Gesichtszüge auf. Dann klebst du das Horn und die Ohren mit Klebestift auf die Innenseite eines Kopfteils. Das andere Kopfteil klebst du darüber. Gib auf die untere Seite des Kopfes keinen Kleber, hier wird später der Strohhalm für den Hals hineingesteckt.

4 Falte die beiden Krepppapierstücke jeweils einmal längs in der Mitte. Schneide sie anschließend in Abständen von ca. 2 mm bis kurz vor der Faltlinie ein.

5 Falte ein Krepppapierteil auseinander und klebe es mit Klebestift als Mähne an den Hinterkopf. Das andere Teil verzwirbelst du an der Falte, damit ein schöner Schweif entsteht. Klebe ihn mit der Klebepistole hinten an die Schachtel.

6 Klebe die Beine seitlich an die Streichholzschachtel. Das schräge Ende des Halses klebst du vorne auf den oberen Rand der Schachtel. Gib einen Tropfen Kleber auf das andere Ende des Halses und stecke den Kopf darauf.

TIPP

In dem Einhorn kannst du kleine Botschaften, Schmuck oder Süßigkeiten verschenken.

SÜSSES SOCKEN-EINHORN

MATERIAL

2 Socken in Weiß mit rosa Spitze und Rand ✶ Füllwatte ✶ Nähnadel ✶ Nähgarn in Schwarz und Weiß ✶ Bastelkleber ✶ Glitzerpulver in Gold ✶ Wollreste in Regenbogenfarben ✶ 2 Tieraugen (Halbperlen), ø 1 cm

Vorlagen Seite 63

ANLEITUNG

1 Schneide für den Kopf an einer Socke die Spitze bis zur Ferse ab (siehe Skizze S. 63). Vom restlichen Sockenstück schneidest du die Ferse ab, sodass ein Schlauch mit geraden Enden entsteht. Das wird der Körper.

2 Aus der zweiten Socke schneidest du gemäß Skizze (siehe S. 63) bei doppelter Stofflage zweimal die Ohren, viermal die Beine und bei einfacher Stofflage einmal das Horn zu.

3 Stopfe den Kopf mit Füllwatte und nähe ihn von Hand zu. Nähe ein Ende des Einhornbauchs von Hand zu, stopfe den Schlauch gut mit Füllwatte und schließe danach das andere Ende.

4 Nähe die Beine, Ohren und das Horn bis auf die gerade schmale Kante zusammen und wende die Teile. Stopfe die Beine mit Füllwatte, schließe die Öffnung und nähe die Teile von Hand unten an den Einhornbauch.

5 Stopfe das Horn mit Füllwatte und bestreiche es mit Bastelkleber. Gib Glitzerpulver in ein Schälchen und wende das Horn darin. Trocknen lassen. Nähe das Horn mittig auf der Kopfoberseite fest. Die Ohren befestigst du rechts und links davon mit ein paar Stichen.

6 Schneide für die Mähne zwanzig ca. 15 cm lange und für den Schweif zehn ca. 10 cm lange Wollfäden zurecht. Lege die Fäden für Mähne und Schweif jeweils übereinander und knote sie mittig mit einem Faden zusammen. Nähe die Mähne hinter dem Horn fest, den Schweif nähst du hinten am Einhorn-Popo fest.

7 Zuletzt nähst du die Augen auf und stickst pro Auge drei Wimpern auf.

Ich muss jetzt
leider los,
mein *Einhorn*
wartet auf mich.

VORLAGEN

Ohr
2x

Auge
2x

Sternschweif-Spardose
Seite 24

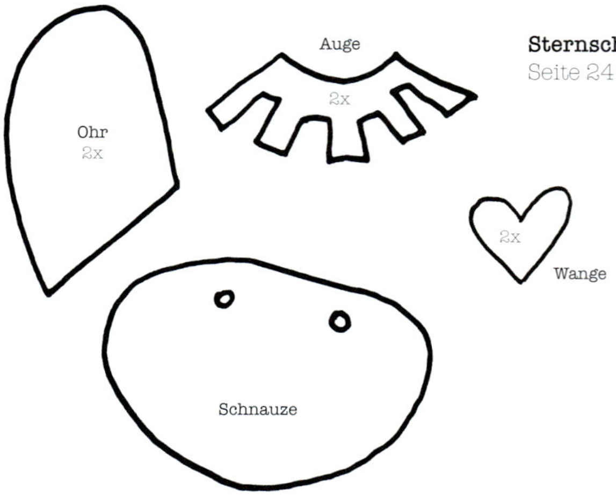

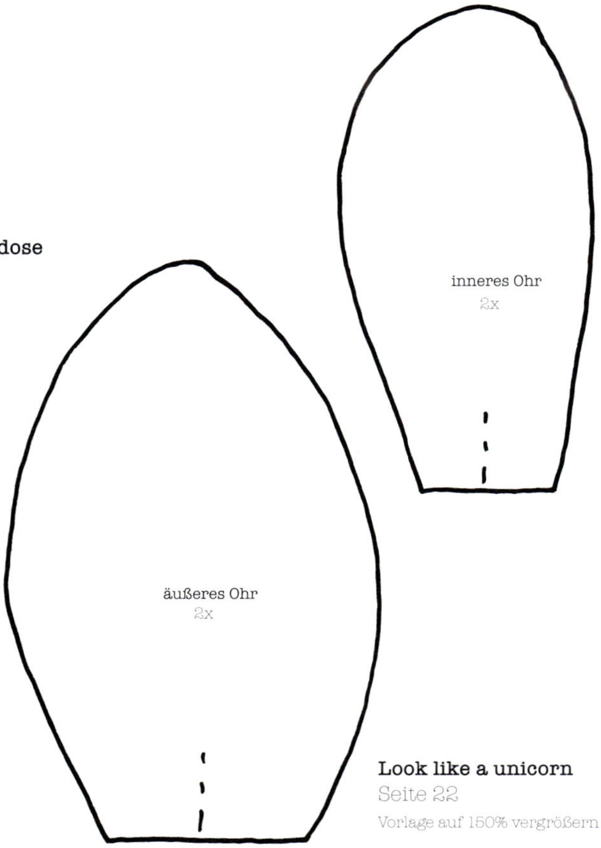

Wange

2x

Schnauze

inneres Ohr
2x

äußeres Ohr
2x

Look like a unicorn
Seite 22

Vorlage auf 150% vergrößern

Flieg, mein Einhorn!
Seite 12

Vorlage auf 200% vergrößern

Kopf

Körper

Horn

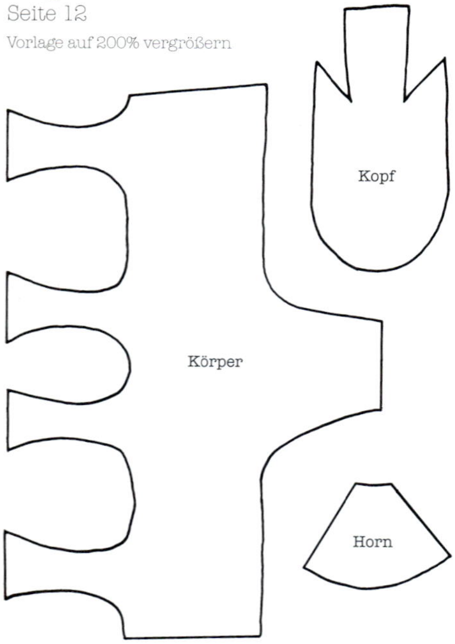

Kleine Piñata
Seite 8

Vorlage auf 200% vergrößern

Ohr
2x

Horn

Körper
2x

Auge
2x

8 cm

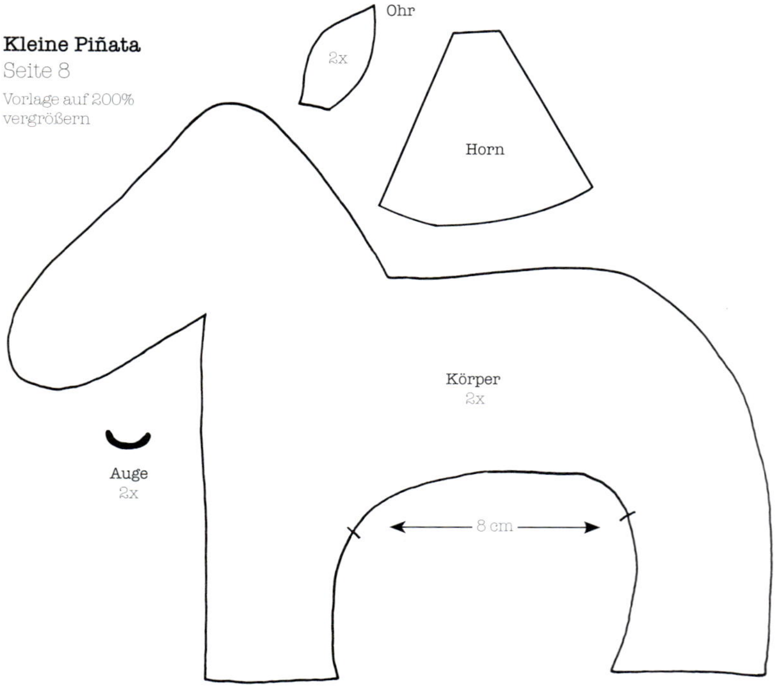

Zauberhafter
Kopfhörerhalter
Seite 20

Auge
2x

2x

2x

2x
Wange

Einhorn-Geschenktüte
Seite 32
Vorlage auf 125% vergrößern

2x
Auge

Nase
2x

Mund

Schnauze
2x

Grundkörper
2x

Horn

Fuß
4x

Horn

Sternschweif-Kette
Seite 30
Vorlage auf 150% vergrößern

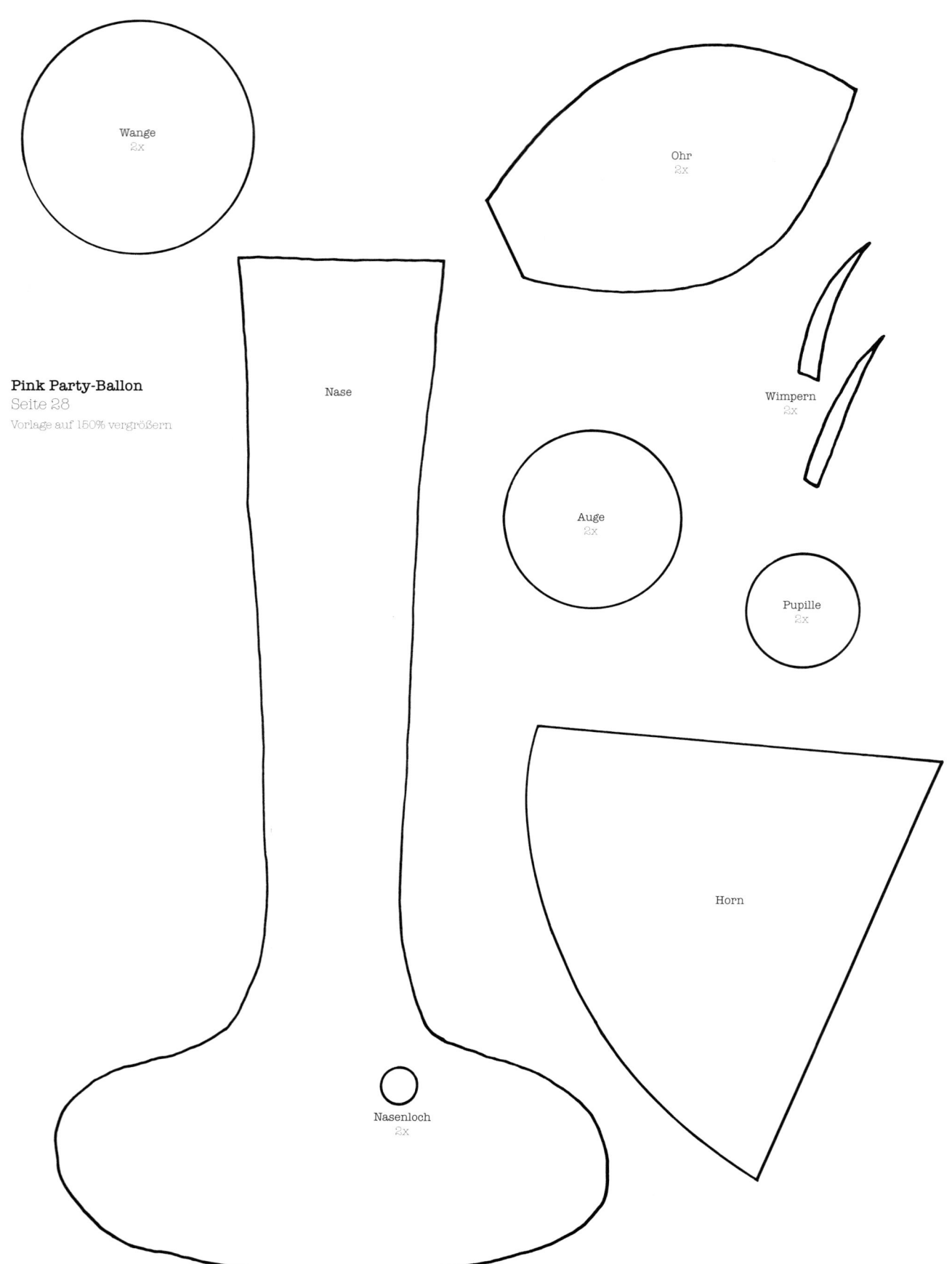

Wange
2x

Ohr
2x

Pink Party-Ballon
Seite 28
Vorlage auf 150% vergrößern

Nase

Wimpern
2x

Auge
2x

Pupille
2x

Horn

Nasenloch
2x

Regenbogen
2x

**Kunterbunte
Handyladestation**
Seite 40
Vorlage auf 200% vergrößern

Wolke
4x

Fabelwesen-Shirt
Seite 36
Vorlage auf 150% vergrößern

Himmlische Glücksbringer
Seite 54

Horn

Ohren
2x

Stern
2x

Kopf
2x

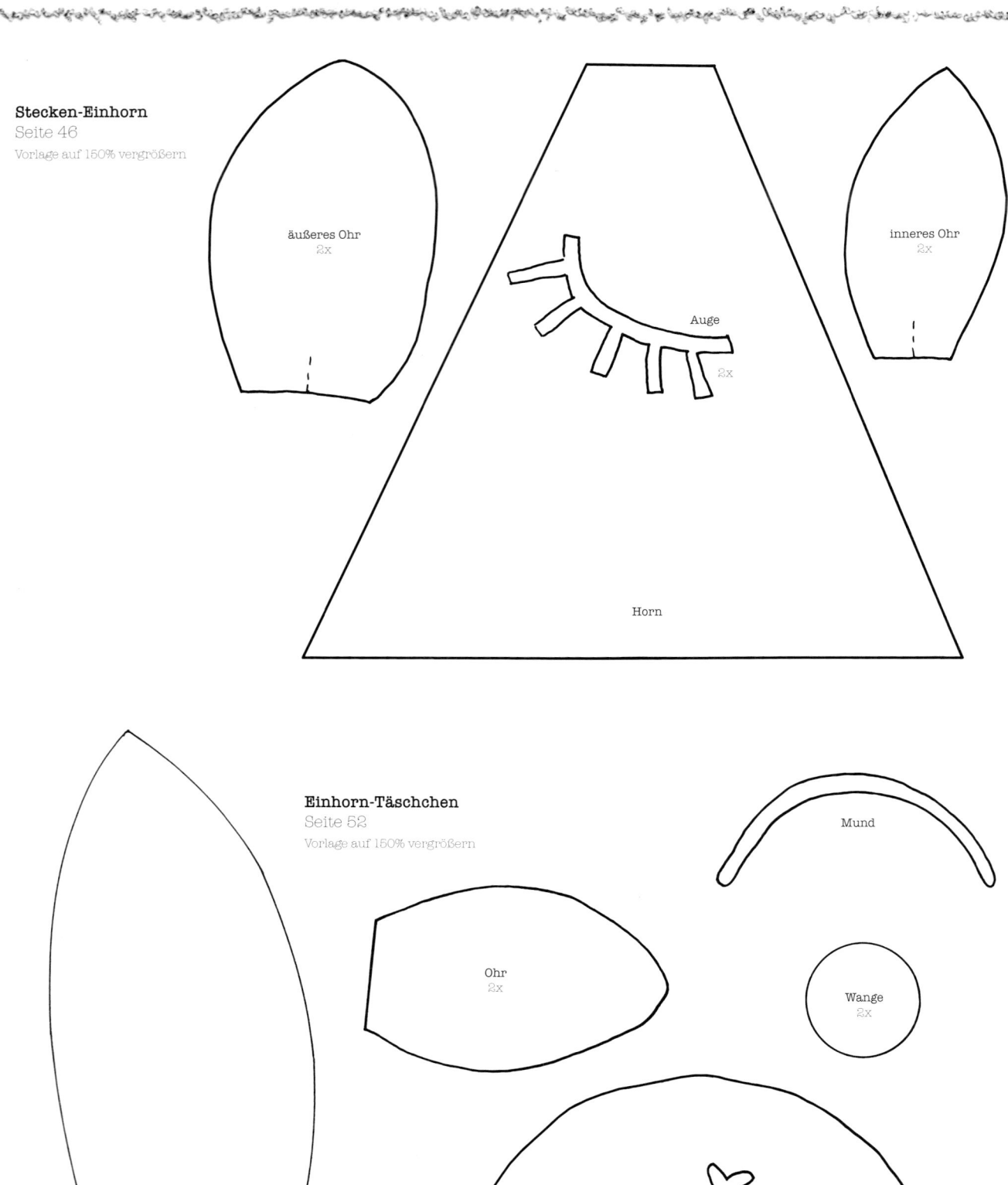

Stecken-Einhorn
Seite 46
Vorlage auf 150% vergrößern

äußeres Ohr
2x

inneres Ohr
2x

Auge
2x

Horn

Einhorn-Täschchen
Seite 52
Vorlage auf 150% vergrößern

Mund

Ohr
2x

Wange
2x

Taschenausschnitt oben
und Horn

Auge
2x

Schnauze

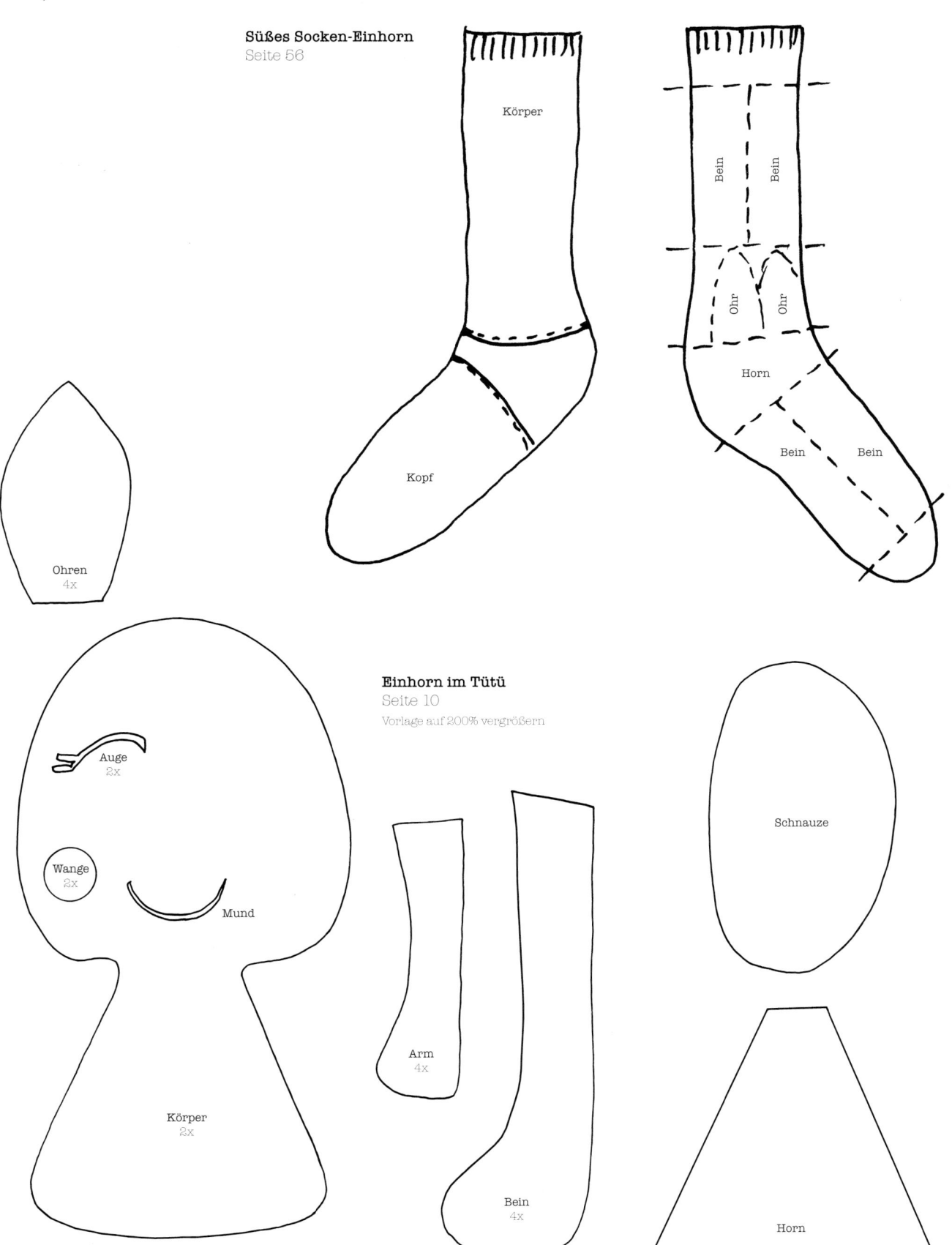

Süßes Socken-Einhorn
Seite 56

Körper

Bein Bein

Ohr Ohr

Horn

Kopf

Bein Bein

Ohren
4x

Einhorn im Tütü
Seite 10
Vorlage auf 200% vergrößern

Auge
2x

Schnauze

Wange
2x

Mund

Arm
4x

Körper
2x

Bein
4x

Horn

63

IMPRESSUM

ÜBER DIE AUTORIN

Pia Deges hat Film- und Fernsehwissenschaften studiert und lange als TV-Redakteurin gearbeitet. Seit einigen Jahren lebt sie ihre Leidenschaft für Food-, DIY- und Gartenthemen als Autorin aus. Über diese Themen bloggt sie auch unter wundertütchen.de

DANKE

Wir danken den Firmen Rayher (Laupheim), Rico Design (Brakel) und UHU (Bühl) ganz herzlich für die freundliche und großzügige Bereitstellung von Materialien.

MODELLE UND SCHRITTFOTOS: Pia Deges

FOTOS: frechverlag GmbH, 70499 Stuttgart; lichtpunkt, Michael Ruder, Stuttgart

PRODUKTMANAGEMENT: Anna Burger

LEKTORAT: Christine Schlitt

LAYOUT UND SATZ: Eva Grimme, Konstanze Laue

DRUCK UND BINDUNG: Finidr s.r.o., Tschechische Republik

4. Auflage 2017

© 2017 frechverlag GmbH, Turbinenstr. 7, 70499 Stuttgart

ISBN 978-3-7724-7801-7 · Best.-Nr. 7801